So wird es gemacht:

Öffne das LÜK®-Kontrollgerät und lege die Plättchen in den unbedruckten Deckel. Jetzt kannst du auf den Plättchen und auf dem Geräteboden die Zahlen 1 bis 24 sehen.

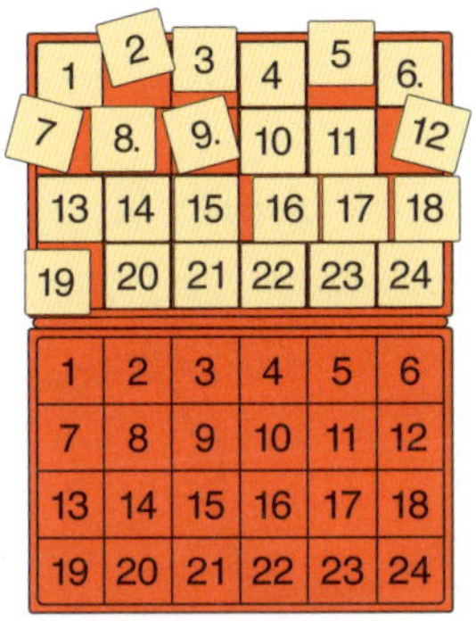

Beispiel: Seite 2
Lange Selbstlaute hören
Lies den Tipp und die Aufgabe durch. Nimm das Plättchen 1 und entscheide, wie der rote Selbstlaut im Wort hinter der Aufgabennummer 1 gesprochen wird – kurz oder lang. In der Lösungstabelle findest du die Feldzahl, auf die du das Plättchen im Kontrollgerät ablegen musst. Lege also das Plättchen 1 auf das Feld 23 im Geräteboden. Die Zahl **1** muss nach oben zeigen.

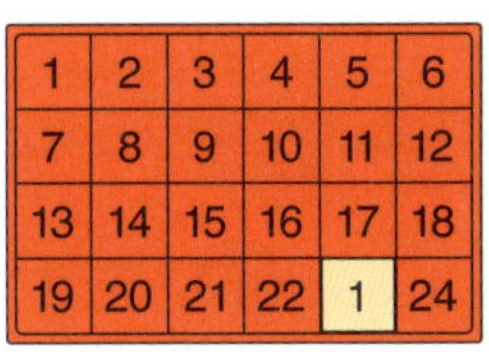

So musst du weiterarbeiten, bis alle Plättchen im Geräteboden liegen. Schließe dann das Gerät und drehe es um. Öffne es von der Rückseite. Wenn du das bei der Übungsreihe abgebildete Kontrollmuster siehst, hast du alle Aufgaben richtig gelöst.

Passen einige Plättchen nicht in das Muster, dann hast du dort Fehler gemacht. Drehe diese Plättchen da, wo sie liegen, um, schließe das Gerät, drehe es um und öffne es wieder. Jetzt kannst du sehen, welche Aufgaben du falsch gelöst hast.

Nimm diese Plättchen heraus und suche die richtigen Ergebnisse. Kontrolliere dann noch einmal. Stimmt jetzt das Muster?

Das System ist für alle Übungen dasselbe: Die roten Aufgabennummern im Heft entsprechen immer den LÜK-Plättchen aus dem Kontrollgerät. Die Zahlen hinter den Lösungen sagen dir, auf welche Felder des Kontrollgerätes du die Plättchen legen musst.

Auf einigen Seiten ist die Kontrolle nach Lösung der Aufgaben 1 bis 12 oder 13 bis 24 möglich. Diese Seiten erkennt man an der Abbildung der geteilten Kontrollmuster. Lege dann auch nur die Plättchen 1 bis 12 bzw. 13 bis 24 in das Kontrollgerät.

Und nun viel Spaß!

Lange Selbstlaute hören

Tipp 1 Bei vielen Wörtern ist es wichtig zu hören, ob der betonte Selbstlaut ***(a, e, i, o, u)*** oder Umlaut ***(ä, ö, ü)*** lang- oder kurzgesprochen wird.

1 Sprich die Wörter deutlich aus.
Wie wird der rote Selbstlaut gesprochen – kurz oder lang?

		kurz	lang
1	die Bahn	13	23
2	das Band	19	15
3	die Lämmer	21	17
4	der Käse	19	24
5	das Huhn	21	16
6	der Hund	20	22

		kurz	lang
7	der Füller	14	16
8	der Kühlschrank	23	18
9	die Rose	24	22
10	der Rost	15	20
11	die Saat	18	17
12	der Saft	13	14

1 bis 12

13 bis 24

2 **Sprich die Wörter deutlich aus.**
Wie wird der rote Selbstlaut gesprochen – kurz oder lang?

		kurz	lang
13	sie kam	10	12
14	sie kommt	8	4
15	wir essen	10	2
16	wir aßen	6	11
17	er fällt	1	3
18	er fiel	12	9

		kurz	lang
19	die Miete	7	2
20	die Mitte	5	11
21	im Sommer	4	8
22	es gefällt ihm	9	7
23	der schiefe Turm	5	6
24	das Schiff	3	1

Wörter mit langem Selbstlaut ohne Kennzeichnung

Tipp 2

Bei den meisten Wörtern wird der lange Selbstlaut nicht besonders gekennzeichnet: *die Hose, der Rasen, reden.*

3 Die Kinder haben die Drachen vertauscht.

Suche zu jedem Wort das passende Reimwort. Schreibe die Paare auf.

Welcher Luftballon gehört zu welchem Kind?
Suche auch hier das passende Reimwort.

4 Welches Wort gehört in den Satz?

tun

1 Kannst du mir einen Gefallen ___?

2 Nein, es ___ mir Leid.

3 Was ___ du da?

4 Ich habe nichts ___.

hören

5 Hast du das ___?

6 Ich ___ nichts.

7 Wenn du das nicht ___, bist du taub.

8 Die ___ von Radio Domino dürfen sich Musiktitel wünschen.

sein/waren

9 Denk mal, wir ___ im Zoo.

10 Das ___ richtig toll!

11 Schade, dass du nicht dabei ___.

12 Ich ___ gern mitgekommen.

5 **Suche die richtigen Wörter zu den Bildern.**
Schreibe sie auf.

Schaf 20 Blut 21 Träne 22

Tor 17 Schere 19 Blüte 24

Gemüse 14 Kran 23 Klo 15

Flöte 13 Krone 16 Käse 18

Wörter mit *h*

Tipp 3 Bei einigen Wörtern wird der lange Selbstlaut durch das folgende ***h*** angezeigt (Dehnungs-*h*).

6 Welche Buchstaben müssen eingesetzt werden? Schreibe die Wörter auf.

1 Das J♦r hat 12 Monate.

2 Im Fasching sind wir fr♦lich.

3 Der z♦nte Monat ist der Oktober.

4 Der November ist besonders r♦ig.

öh 9
uh 8
ah 7
eh 12

üh 3
öh 1
äh 10
oh 5

5 Es klappert an der W♦nungstür.

6 Das klingt gef♦rlich.

7 Ich f♦le mich nicht wohl.

8 Schnell krieche ich in meine H♦le.

9 Zum Mittag gibt es heute H♦nersuppe.

10 Die esse ich s♦r gern.

11 Aber B♦nen kann ich nicht leiden.

12 Vielleicht gibt es zum Nachtisch Erdbeeren mit S♦ne.

oh 2
ah 4
üh 11
eh 6

7 Suche die richtigen Wörter aus den Wörterschlangen.
Schreibe sie auf.

1 fr . . . .

2 der F . . .

3 allm . . . . . .

4 e . .

5 l . . .

6 fr . .

7 z . . .

8 die S . . . .

9 der St . . .

10 W . . . nachten

11 w . . . end

12 o . . .

8 Welches Wort musst du einsetzen?

Ein aufregender Ausflug

1 Britta hat zu ▬ ein tolles Geschenk bekommen.

2 Es war ein neues ▬.

3 Jetzt im ▬ möchte Britta es ausprobieren.

4 Sie will mit ihrem Bruder Lars eine Radtour ▬.

5 Schon ▬ am Morgen starten sie.

6 Zuerst geht es vorbei an ▬ Rapsfeldern.

unternehmen 13

Weihnachten 14

Frühjahr 22

früh 9

Fahrrad 18

blühenden 17

Höhle 2

fahren 6

ungefähr 1

fröhlich 5

frühstücken 10

Nähe 21

7 Dann ▬ sie mit den Rädern in den Wald.

8 Lars kennt dort eine ▬.

9 In der ▬ gibt es eine Schutzhütte.

10 Dort wollen sie ▬.

11 Nach ▬ einer Stunde sind sie am Ziel.

12 Sie packen ▬ ihren Rucksack aus und essen.

13 Danach wollen sie sich die Höhle ___.

14 „Ist das nicht ___?“, will Britta wissen.

15 Aber ___ sie noch überlegt, ist Lars bereits verschwunden.

16 Plötzlich hört Britta einen Schrei – was ist ___?

17 Mit einem bangen ___ tastet Britta sich vor.

18 Ihr ist gar nicht ___ im Dunkeln.

19 An einer nassen Stelle wäre sie ___ ausgerutscht.

20 Da ___ sie Lars liegen.

21 Er kann nicht ___ Hilfe aufstehen.

22 Britta ___ ihn hoch und hilft ihm nach draußen.

23 Mit einem nassen Tuch ___ sie seinen Knöchel.

24 Die beiden sind ___, dass sich Lars nichts gebrochen hat.

Tipp 4 Wörter einer Wortfamilie werden gleich geschrieben: *ste**h**len, du stie**h**lst, er sta**h**l, der Diebsta**h**l.*

9 Welches Auto gehört auf welchen Parkplatz?
Ordne die Wörter den beiden Wortfamilien zu. Schreibe die Wörter einer Wortfamilie ab und unterstreiche das <u>ah</u> oder das <u>oh</u>.

der Fahrplan 17
der Radfahrer 18
du fährst 15
ihr fahrt 16
das Raumfahrzeug 20
der Fahrstuhl 23

die Wohnung 19
bewohnt 24
der Wohnort 13
er hat gewohnt 22
das Wohnmobil 14
sie wohnte 21

10 **Suche zu jedem unterstrichenen Wort das dazugehörige Wort aus der gleichen Wortfamilie.**

Witze, Witze

1 Der Arzt begrüßt den Patienten: „Nun, wie geht es denn?"

2 Der Patient antwortet fröhlich:

3 „Ehrlich gesagt gut. Ich wollte nur den Fortsetzungsroman weiterlesen, den ich letzte Woche angefangen habe."

führen 21
froh 20
Fehler 19
Rührteig 17
Gehweg 22
Ehre 23

4 „Hier in diese Gletscherspalte ist letzte Woche mein Bergführer reingefallen."

5 „Und das sagen Sie so ungerührt!"

6 „Er war doch schon ziemlich zerlesen und ein paar Seiten fehlten auch schon."

7 Ein Hirsch kam zu einem See, nahm einen großen Schluck Wasser und betrachtete sein Spiegelbild.

8 Er fühlte sich stark und brüllte: „Ich bin der König des Waldes!"

9 Da kam ein Bär aus seiner Höhle.

10 Ganz ruhig brummte er: „Was hast du da eben gesagt?"

11 Der Hirsch erkannte die Gefahr.

12 Er sagte leise: „Nichts, ich habe wahrscheinlich etwas zu viel getrunken."

hohl 24
nehmen 13
gefährlich 16
Wahrheit 14
Gefühl 15
Ruhe 18

11 **Suche zu jedem unterstrichenen Wort das dazugehörige Wort aus der gleichen Wortfamilie.**

Frühstück mit Hindernissen

1 Am Sonntag wollte ich meine Mutter mit einem schönen Frühstück überraschen.

2 Da sie noch schlief, begann ich in Ruhe aufzudecken.

3 Ich zählte Teller und Tassen ab und stellte sie auf den Tisch.

4 Nun musste ich noch die Sachen aus dem Kühlschrank holen.

5 Das wäre beinahe schief gegangen.

6 Die Milchflasche glitt mir aus Versehen aus der Hand und fiel krachend auf den Boden.

7 „Jetzt ist sie wahrscheinlich aufgewacht", dachte ich.

8 Überall lagen gefährliche Glassplitter.

9 Ich hatte ein mulmiges Gefühl.

10 Da kam meine Mutter. Sie nahm mich in den Arm und tröstete mich.

11 Dann holte sie Kehrblech und Besen und gemeinsam machten wir sauber.

12 Anschließend haben wir fröhlich zusammen gefrühstückt.

nehmen 9

kehren 6

Wahrheit 1

Gefahr 5

froh 2

fühlen 3

12 **Überlege, wie die Grundform geschrieben wird.**
Entscheide dann, ob das Wort mit oder ohne *h* geschrieben wird.
Als Hilfe findest du die Grundformen in den farbigen Kästen.

		mit *h*	ohne *h*
1	Das Taschenmesser gehö♦rt mir.	10	12
2	Nein, du hast es mir gestern gesto♦len.	8	2
3	Jetzt hast du aber gelo♦gen.	3	10
4	Sie♦st du, du wirst ganz rot.	11	5
5	Ich ge♦e zu meiner Mutter.	3	7
6	Jetzt dro♦st du mir wohl?	7	1

sehen lügen stehlen
drohen gehören gehen

schreien sparen mögen
fahren holen raten

		mit *h*	ohne *h*
7	Ra♦te mal, wo wir hingehen – zum Rummel.	4	1
8	Ich komme mit. Ho♦lst du mich ab?	8	5
9	Aber schrei♦ nicht wieder so in der Achterbahn.	11	9
10	Ich ma♦g lieber die kleineren Karussells.	6	4
11	Außerdem sind die billiger. Ich bin nämlich sehr spa♦rsam.	12	6
12	Fä♦rst du dann mit mir Autoskooter?	2	9

Wörter mit *ih*

Tipp 5 Nur die folgenden Wörter werden mit ***ih*** geschrieben:
ihm, ihn, ihr, ihre, ihrem, ihren, ihnen.
Der Lehrer lobt ihn. Claudia holt ihren Ball.

13 Welches Wort musst du hier einsetzen?

Purzel und Flitzi

1 Marie hat zwei Hamster. Sie gibt ▬ jeden Tag Futter.

2 In ▬ Käfig gibt es ein Häuschen und ein Laufrad.

3 Purzel ist ein Männchen. Marie bürstet ▬ oft das Fell.

4 Dabei krault sie ▬.

5 Flitzi, das Weibchen, ist sehr scheu.
Mit ▬ muss sich Marie noch viel beschäftigen.

6 In einer Woche bekommt Flitzi Nachwuchs.
Marie freut sich sehr auf ▬ Hamsterbabys.

Die neue Lehrerin

7 Die Klasse 3b bekommt eine neue Lehrerin. Lennart hat sie mit viel Gepäck aus ▬ Auto steigen sehen.

8 Er fragt, ob er ▬ Tasche tragen soll.

9 Die Lehrerin fragt ▬ nach seinem Namen.

10 Dann hilft Lennart ▬ das Gepäck zu tragen.

11 Die Lehrerin bedankt sich bei ▬.

12 Lennart läuft zu seinen Mitschülern.
Er will ▬ von der neuen Lehrerin erzählen.

Tipp 6 Achtung! Die Wörter ***ihn, ihm*** darfst du nicht mit den Wörtchen ***in*** und ***im*** verwechseln. Das ***i*** in diesen Wörtern spricht man kurz. *Ich bin im Haus. Lisa ist in der Schule.*

14 Welches Wort musst du einsetzen?

1	Timo spielt draußen ___ Regen.	im	17	ihm	13
2	Das ist ___ völlig egal.	im	18	ihm	15
3	Es interessiert ___ einfach nicht.	in	17	ihn	14
4	Aber ___ Kürze wird er völlig nass sein.	in	18	ihn	24

5	Annas junger Hund Lucki tobt ___ Garten herum.	im	19	ihm	15
6	Es fällt ___ ständig neuer Unfug ein.	im	20	ihm	16
7	Anna will ___ ein Kunststück beibringen.	im	23	ihm	21
8	Aber sie muss ___ erst einmal erziehen.	in	16	ihn	23

9	Simon wird ___ der Schule übel.	in	13	ihn	19
10	Da schickt die Lehrerin ___ nach Hause.	in	22	ihn	20
11	Simons Mutter macht ___ einen Pfefferminztee.	im	21	ihm	24
12	Den ganzen Tag bleibt Simon ___ Bett.	im	22	ihm	14

Wörter mit *ie*

Tipp 7 Ein langes ***i*** wird meistens ***ie*** geschrieben:
die Wiese, niemand, niesen.

15 Welche Wörter kannst du bilden?

1	die W	f	14
2	die L	r	20
3	das Pap	b	24
4	der D	be	21
5	der Br	gel	22
6	der Sp	se	23

7	bed	ßen	19
8	b	len	13
9	schl	dlich	17
10	z	gen	18
11	n	chen	15
12	r	nen	16

16 **Welches Wort muss eingesetzt werden?**
Schreibe die Reimwörter auf und unterstreiche das *ie*.

Wiese 6

schließen 1

nieder 10

wieder 7

schießen 5

1 Auf einer grünen W . . . .
2 lag ausgestreckt ein R . . . . .
3 Er wollte schon die Augen schl . . . . . ,
4 da hört er einen Jäger sch . . . . . .
5 Dann ließ sich auch noch immer w . . . . .
6 auf seiner Nase eine Fliege n . . . . . .

7 Die Schlange auf den Felsen kr . . . . .
8 und mit ihrer Zunge r . . . . . .

9 Es ärgert sich die alte Z . . . . ,
10 auf ihrem Ohr sitzt eine Fl . . . . .

11 Klein Fritzchen sich vor Lachen b . . . . ,
12 wenn der Lehrer in der Pfütze l . . . . .

Tipp 8 Denke daran, dass die Wörter einer Wortfamilie gleich geschrieben werden: *spielen, die Spielregel*.

17 **Suche im Wörtersuchkasten das Wort aus der gleichen Wortfamilie. Schreibe beide Wörter auf und unterstreiche das *ie*.**

1. lieben
2. friedlich
3. die Neugier
4. sich hinknien
5. der Riese
6. liegen
7. spiegeln
8. schwierig
9. das Ziel
10. spielen
11. dienen
12. tief

E	10 S	5 L	D	P	Q	11 S	U	Z	R	2 N	O	D
B	P	I	E	F	E	C	L	M	A	E	L	L
9 T	I	E	F	K	Ü	H	L	T	R	U	H	E
Ü	E	B	O	A	H	W	B	Ü	X	G	H	8 S
E	G	L	H	F	R	I	S	12 V	A	I	F	P
K	E	I	3 F	7 R	I	E	D	E	N	E	A	I
A	L	N	G	I	G	R	O	R	E	R	1 Z	E
M	G	G	Z	E	F	I	S	D	M	I	I	L
6 K	L	S	W	S	P	G	4 L	I	E	G	E	R
N	A	T	E	I	D	K	E	E	H	A	L	E
I	T	I	S	G	Ü	E	X	N	Ü	L	E	G
E	T	E	R	T	U	I	A	S	E	B	N	E
U	U	R	M	E	I	T	E	T	D	O	F	L

Tipp 9 Bei einigen Verben ändert sich die Schreibweise bei bestimmten Zeitformen:
laufen – er lief, bleiben – er blieb.

18 **Setze die Verben in Klammern in die Vergangenheit.**

So ein Pech!

1 Beim Sportfest (laufen) ich sehr schnell.

2 Doch kurz vor dem Ziel (stoßen) ich mit Lasse zusammen.

3 Ich stolperte und (fallen) hin.

4 Vor Schmerz (schreien) ich laut auf.

5 Ich (bleiben) auf der Bahn liegen.

6 Beim Arzt (erhalten) ich einen festen Verband um den rechten Knöchel.

7 Der Arzt (raten) mir eine Woche zu Hause zu bleiben.

8 Er (rufen) meine Eltern an, die mich mit dem Auto abholten.

9 Zu Hause (schlafen) ich gleich ein.

10 Am Nachmittag (erscheinen) der erste Besuch. Es war Lasse.

11 Er (halten) ein Päckchen für mich in der Hand.

12 Es (enthalten) ein tolles Buch über Leichtathletik.

Verben mit *ieren*

Tipp 10

Einige Verben enden auf ***ieren***: *radieren, verzieren*.
In anderen Wörtern der gleichen Wortfamilie bleibt das ***ier*** erhalten: *das Radiergummi, die Verzierung*.

19 Welches Wort passt in welchen Satz?
Schreibe die Verben in der Grundform auf und unterstreiche das *ie*.

1 Ich ▬ meiner Tante zum Geburtstag.

2 Sie fragte mich: „Hast du schon von der Torte ▬?"

3 Die Torte war wunderschön ▬.

4 Ich konnte nur ein Stück davon essen. Das ist mir noch nie ▬.

5 „Das macht doch nichts", sagte meine Tante, „den Rest ▬ ich ein."

6 Anschließend gingen wir im Park ▬.

Suche zu jedem Wort das Wort aus der gleichen Wortfamilie in der Wörterschlange. Schreibe beide Wörter auf und unterstreiche das *ie*.

7 radieren

8 regieren

9 kopieren

10 verlieren

11 frieren

12 spazieren

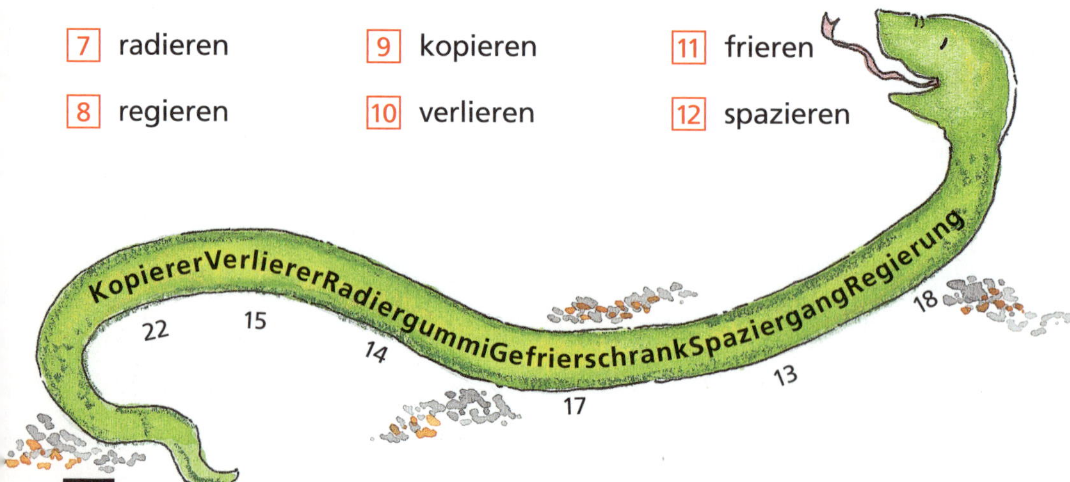

Wörter mit *ieh*

Tipp 11 Es gibt nur wenige Wörter, die mit ***ieh*** geschrieben werden: *das Vieh, ziehen, fliehen.*
Bei einigen Verben mit einem ***h*** ändert sich bei bestimmten Formen der Wortstamm in ***ieh***: *sehen – du siehst.*

20 Welches Wort musst du einsetzen?
Schreibe die Wörter auf und unterstreiche das *ieh*.

1 Wenn du dich (vorsehen), kannst du dir eine Kassette anhören.

2 Einige davon habe ich mir aber selbst (ausleihen).

3 Welche (empfehlen) du mir denn?

4 Ich finde „Warum (stehlen) Moni nur?“ sehr spannend.

5 Was (geschehen) denn da?

6 (sehen) mal auf die Hülle, da steht eine kurze Beschreibung.

7 (erziehen) mal deinen Hund besser.

8 Er (ziehen) ja dauernd an der Leine.

9 Im Film (fliehen) ein Dieb aus dem Gefängnis.

10 Dann (geschehen) lange Zeit nichts Spannendes mehr.

11 (beziehen) bitte dein Bett!

12 Ich (anziehen) gerade meine Hose ().

Wörter mit *i*

Tipp 12 Einige Wörter werden mit einfachem ***i*** geschrieben, obwohl man das ***i*** lang spricht. Diese Wörter musst du dir merken: *Benzin, Fabrik, Kaninchen, Kilogramm, Kino, Minute, Musik, Schi und Ski, Tiger* sowie Wörter mit der Endung *-ine*.

21 **Wie heißen die gesuchten Wörter?**
Schreibe sie auf und unterstreiche das *i*.

1 Dieses Tier wird oft mit einem Hasen verwechselt.

2 Dieses Tier ist eine große, gestreifte Raubkatze.

3 In diesem Gebäude werden zum Beispiel Autos hergestellt.

4 In diesem Gebäude kann man sich Filme ansehen.

5 Dieses Lebensmittel streicht man aufs Brot.

6 Diese Frucht ist rund und orange.

7 Diese Flüssigkeit wird in Autotanks gefüllt.

8 So kann man einen Motor auch nennen.

9 Auf diesen Brettern kann man bei Schnee fahren.

10 Riesige Massen von Schnee rutschen zu Tal.

11 Diese Zeitspanne ist genau eine sechzigstel Stunde lang.

12 Diese Gewichtsangabe bedeutet 1000 Gramm.

Wörter mit *aa, ee, oo*

Tipp 13 Bei einigen Wörtern wird der lange Selbstlaut mit ***aa, ee, oo*** geschrieben: *der Saal, der Schnee, das Moor.*

22 Was muss eingesetzt werden?
Schreibe die Wörter auf und unterstreiche *aa, ee, oo*.

1 Heute gehen wir in den Z◆◆.

2 Außerdem soll ich ein P◆◆r Schuhe bekommen.

3 Hinterher werde ich ein großes Himb◆◆reis essen.

4 Meine Mutter trinkt immer nur T◆◆.

5 Mein Vater isst gern Bratkartoffeln mit ◆◆l.

6 Ich liege am liebsten im weichen M◆◆s.

7 Am Sonntag waren wir an einem S◆◆.

8 Wir haben ein Ruderb◆◆t ausgeliehen.

9 Leider durfte ich nicht baden, meine H◆◆re sollten nicht nass werden.

10 In unserer Nachbarschaft gibt es ein p◆◆r richtige Rüpel.

11 Sie haben l◆◆re Flaschen an unsere Hauswand geworfen.

12 Das finde ich d◆◆f.

Wörter mit *ß* – Wörter mit *ss*

Tipp 14

Beim gezischten (stimmlosen) *s*-Laut heißt es aufgepasst!
Nach einem langen Selbstlaut *(a, e, i, o, u)*, nach einem Doppellaut *(au, ei, eu)* und nach einem Umlaut *(ä, ö, ü)* steht ***ß***: *der Fuß, er fließt, scheußlich*.
Nach einem kurzen Selbstlaut steht ***ss***: *der Fluss, er floss.*

23 **Sprich die Wörter zu den Bildern deutlich aus.**
Wie wird der Selbstlaut gesprochen: kurz oder lang?

kurz	19	22	21	20
lang	15	20	24	16

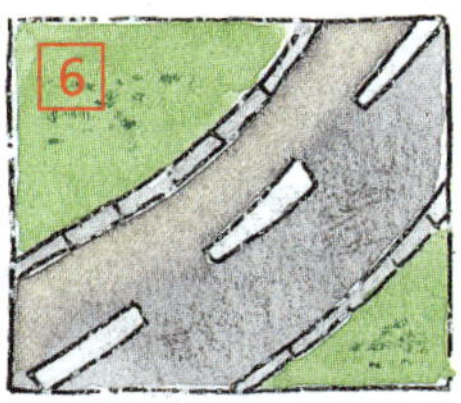

kurz	17	18	16	22
lang	23	21	13	13

kurz	24	18	14	17
lang	23	14	19	15

24 **Schreibe die Wörter von Aufgabe 23 auf. Denke an den Tipp 14.**
Auf Seite 32 kannst du deine Schreibung überprüfen.

25 Was muss eingesetzt werden, *ß* oder *ss*?

		ß	ss
1	Du bist aber flei♦ig!	ß 7	ss 1
2	Wie hei♦t „Schule“ auf Englisch?	ß 9	ss 3
3	Ach, la♦ mich doch in Ruhe!	ß 2	ss 12

		ß	ss
4	Schmei♦ deine Sachen nicht auf den Boden.	ß 8	ss 6
5	Jetzt ist deine Jacke na♦ und dreckig.	ß 9	ss 5
6	Au♦erdem ist etwas aus der Tasche gefallen.	ß 10	ss 12

		ß	ss
7	Gib beim Einkaufen ein bi♦chen Acht.	ß 11	ss 3
8	Im Portmonee sind drei♦ig Mark.	ß 1	ss 10
9	Und pa♦ auf deine Tasche auf.	ß 4	ss 11

		ß	ss
10	Gestern lie♦ ich mich mit Pommes verwöhnen.	ß 6	ss 8
11	Danach a♦ ich zehn Schokoküsse. Oh, war mir schlecht!	ß 2	ss 5
12	Heute geht es mir wieder be♦er.	ß 7	ss 4

26 **Was muss eingesetzt werden, *ß* oder *ss*?**

Eis – was sonst?	**ß**	**ss**
1 Ich esse alles, was sü♦ ist.	19	13
2 Natürlich wei♦ ich, dass das nicht gesund ist.	21	18
3 Meine Mutter sagt immer: „I♦ nicht so viele Bonbons!“	14	24
4 Wenn aber ein gro♦es Eis vor mir steht, kann ich nicht Nein sagen.	20	15
5 Es macht einfach Spa♦ ein Eis zu schlecken.	17	22

	ß	**ss**
6 Am liebsten e♦e ich Schokoladeneis.	24	22
7 Dazu nehme ich gern Nu♦eis.	23	15
8 Solch ein Eis kann ich richtig genie♦en.	13	17
9 Warum blo♦ ist Eis nicht gesund?	23	16
10 Und warum mu♦ ein Eis so teuer sein?	22	18
11 Eis könnte ruhig ein bi♦chen billiger sein.	20	14
12 Ich grü♦e alle Eisfans.	16	19

1 bis 12
13 bis 24

27 Was muss eingesetzt werden, *ß* oder *ss*?

So ein Mistwetter!

		ß	ss
13	Jan hat sich mit seinen Freunden zum Fu♦ballspielen verabredet.	7	1
14	Dennis kann leider nicht kommen, weil er zum Zahnarzt mu♦.	3	9
15	Auf dem Weg zum Bolzplatz fängt es an zu gie♦en.	11	6
16	In ein paar Minuten sind die Jungen na♦ bis auf die Haut.	2	8
17	Das macht wirklich keinen Spa♦.	3	7
18	Bei solch scheu♦lichem Wetter spielen sie lieber drinnen.	12	4
19	Jans Mutter kocht ihnen erst einmal einen hei♦en Kakao.	4	9
20	Dazu e♦en sie Kekse.	10	1
21	Die Jungen wärmen ihre Hände an den Ta♦en auf.	12	5
22	In Jans Zimmer bauen sie eine gro♦e Stadt aus Lego auf.	10	8
23	Sie merken gar nicht, da♦ es Abend wird.	11	2
24	Beim Spielen verge♦en sie immer die Zeit.	5	6

Zirkus Tortellini

START

Spieler/Spielerinnen: 2–4

Material: ein Würfel, 2–4 Setzsteine

Ihr zieht so viele Felder vor, wie ihr Augen auf dem Würfel habt. Auf einem Ereignisfeld (**Bälle**) lest ihr einen Satz der Geschichte (in der Reihenfolge 1–12). Ihr entscheidet, welches Wort mit ***ie*** oder ***h*** eingesetzt werden muss, und legt das entsprechende LÜK-Plättchen ab. Das Spiel ist zu Ende, wenn alle Plättchen gelegt sind. Ihr könnt dieses Spiel auch mit einem Partnerdiktat verbinden. Wer auf einem Ereignisfeld steht, darf seinem rechten Nachbarn das eingesetzte Wort diktieren.

schwierige 7
Schließlich 8
jonglieren 9
ziemlich 11
spielen 4
Ziel 12
fröhliche 1
fahren 10
wahrscheinlich 6
gefährlichen 2
Mühe 5
sehr 3

1 Schon lange hat die Klasse 4b über das ___ der Projektwoche gesprochen.

2 ___ sind sich alle einig: Wir bereiten eine Zirkusvorstellung vor.

3 Anna und Joumana wollen mit Tüchern ___.

4 Das können sie schon ___ gut.

5 Kassem und Ruben ___ die lustigen Clowns.

6 Im Sportunterricht haben Lisa, Malte und Melanie eine ___ Akrobatiknummer eingeübt.

7 Till und Christopher zeigen einen ___ Zaubertrick: das zersägte Kind.

8 Diesen Trick durchschaut ___ keiner.

9 Wiebke will Einrad ___.

10 Sie muss dafür ___ viel üben.

11 Alle Schülerinnen und Schüler geben sich große ___.

12 Es wird bestimmt eine ___ Zirkusvorstellung.

Bingo spielen mit LÜK (Wörter mit ß)

★ Lege alle Plättchen mit der Musterseite nach oben in den LÜK-Kasten. Die Anordnung ist beliebig.

★ Drehe ein Plättchen um. Lies die Nummer des Plättchens. Im Bingoplan unten findest du unter dieser Nummer ein Wort (z. B. 2 → *fleißig*).

★ Schreibe das Wort in dein Heft und belege das Feld im Bingoplan mit einer Büroklammer oder etwas Ähnlichem.

★ Wenn du fünf Felder senkrecht, waagerecht oder diagonal belegt hast, heißt es: „Bingo!" und du bist fertig.

★ Das Feld in der Mitte ist ein Jokerfeld. Dafür gibt es kein Plättchen. Du kannst dieses Feld frei wählen, das Wort aufschreiben und das Feld belegen.

★ Spannender ist Bingo, wenn du es mit einem Partner oder einer Partnerin spielst. Dafür braucht ihr dann einen zweiten LÜK-Kasten.

1 die Straße	6 er schießt	11 der Gruß	15 groß	20 der Spaß
2 fleißig	7 dreißig	12 süß	16 es fließt	21 das Gefäß
3 der Fuß	8 die Soße	heiß	17 scheußlich	22 du weißt
4 es heißt	9 du schmeißt	13 der Fußball	18 gießen	23 der Kloß
5 bloß	10 ich aß	14 spaßig	19 der Fleiß	24 mäßig

Lösung Übung 23

1 das Fass
2 der Fluss
3 der Fuß
4 die Nuss
5 der Schlüssel
6 die Straße
7 die Schüssel
8 der Fußball
9 der Kloß
10 die Tasse
11 das Kissen
12 die Soße